Highlights Hidden Pictures Eagle-Eye

똑똑해지는 NEW

숨은그림찾기 6

학교

아라미

이렇게 활용하세요!

숨은그림찾기의 세계로 오신 것을 환영합니다.
그림 속에 숨은 그림을 찾으며 즐거운 시간을 보내세요!

숨은그림찾기를 하면서 관찰력, 주의력, 집중력을 키워요.

퍼즐 맞히기, 생각해 보세요를 하면서 사고력이 자라요.

숨은 그림에 스티커 붙이고 색칠하기, 내가 직접 만드는
숨은그림찾기 등의 활동을 통해 창의력과 상상력이 쑥쑥 자라요.

숨은그림찾기 이래서 좋아요!

● 숨은 그림을 찾으면서 주의력과 집중력이 자랍니다.
● 하나하나 세밀하게 살피는 관찰력을 키워 줍니다.

● 숨은 그림을 다 찾으려면 인내와 끈기가 필요합니다.
● 높은 성취감과 성실한 학습 태도를 길러 줍니다.

Highlights

Eagle-Eye Hidden Pictures

6권

차례

29쪽에서
이 그림을 찾아보세요.

4쪽에서
이 그림을 찾아보세요.

11쪽에서
이 그림을 찾아보세요.

COVER ILLUSTRATED BY JEF CZEKAJ

신나는 게임장

강아지들이 게임장에서 즐거운 시간을 보내고 있어요.
게임을 즐기는 강아지들 사이로 숨은 그림을 찾아보세요.

닻
anchor

하키스틱
hockey stick

볼링공
bowling ball

칫솔
toothbrush

머리빗
comb

말편자
(말발굽에
박는 쇠붙이)
horseshoe

깃털
feather

자
ruler

찻잔
teacup

연필
pencil

카누
canoe

벙어리장갑
mitten

도넛
doughnut

골프채
golf club

등산하기

사람들이 거의 산꼭대기까지 올라왔어요.
숨은 그림을 찾아 스티커를 붙인 후 예쁘게 색칠하세요.

산꼭대기

자동차 정비

자동차도 고치고 연료도 넣어야 해요.
정비소 곳곳에 숨은 그림을 찾아보세요.

달걀
egg

바나나
banana

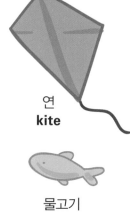

연
kite

물고기
fish

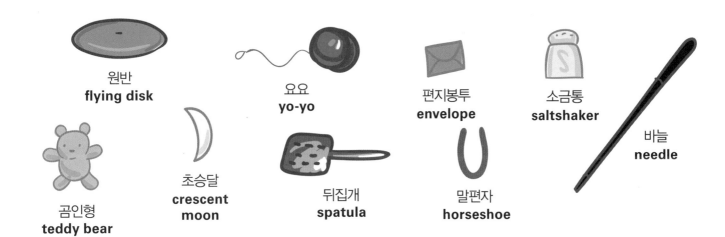

원반
flying disk

요요
yo-yo

편지봉투
envelope

소금통
saltshaker

바늘
needle

초승달
crescent moon

뒤집개
spatula

말편자
horseshoe

곰인형
teddy bear

퍼즐 맞히기

네 명의 고객이 정비소에 찾아왔어요.
누가, 언제, 어디를 고치러 왔는지 알아맞혀 보세요.
맞는 칸에는 O를 하고, 맞지 않는 칸에는 X를 하세요.

	사무엘	수잔	스티븐	소피아
브레이크				
엔진				
전조등				
타이어				
오전 9시				
오전 11시				
오후 1시				
오후 2시				

- 회사에 출근하던 수잔의 자동차 타이어가 펑크 났어요.
  그래서 가장 빨리 정비소에 왔어요.
- 사무엘은 소피아보다 빨리, 스티븐보다 늦게 정비소에 왔어요.
- 이제 스티븐의 자동차 브레이크는 잘 작동해요.
- 차의 수리가 끝나지 않으면 소피아는 밤에 운전할 수 없어요.

도전해 보세요!

강가에 28개의 숨은 그림이 있대요.
하지만 어떤 그림이 숨어 있는지는 알 수 없어요.
자, 숨은그림찾기에 도전해 보세요.

ILLUSTRATED BY PAULA BECKER

강아지 집 짓기

강아지 집을 짓고 있는 가족들 사이로 숨은 그림을 찾아보세요.

ILLUSTRATED BY CATHERINE COPELAND

스케이트
ice skate

옷핀
safety pin

캔디콘(옥수수 낱알 모양 사탕)
candy corn

도끼
ax

뚫어뻥
plunger

조각 파이
slice of pie

양
sheep

빨대
drinking straw

고래
whale

하키스틱
hockey stick

그릇
bowl

하트
heart

편지봉투
envelope

삼각깃발
pennant

내가 만드는
숨은 그림찾기

그림을 그려서 아래 크레용을 숨겨 보세요. 어떻게 해야 할지 잘 모르겠으면 위 그림을 참고하세요.

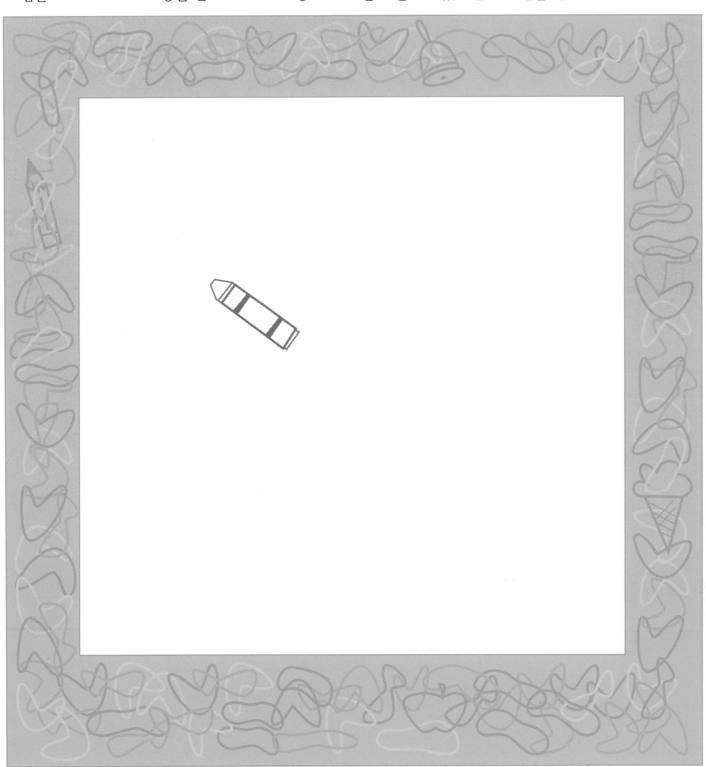

장난감 가게

요요를 사려고 하는데, 아무리 찾아도 보이지 않네요!
숨어 있는 요요 20개를 찾아보세요.

생각해 보세요!

요요는 아주 옛날부터 있었던 장난감이라고 해요. 여러분이 가지고 있는 장난감 중에서 가장 오래된 것은 무엇인가요?

어떤 장난감을 가장 좋아하나요? 왜 그 장난 감을 좋아하는지 이유를 말해 보세요.

혼자 있을 때, 어떤 장난감을 가지고 노나요? 또 친구와 함께 있을 때는 어떤 장난감을 가지고 노나요?

집 밖에서만 가지고 놀 수 있는 장난감을 말해 보세요. 그리고 집 안에서만 가지고 놀 수 있는 장난감도 말해 보세요.

가지고 놀던 장난감에 싫증날 때가 있나요? 왜 싫증이 났는지 말해 보세요.

장난감 가게에서 사고 싶은 장난감을 그려 보세요.

장난감과 게임의 다른 점은 무엇인가요?

여러분이 가지고 있는 장난감 중에 바퀴가 달린 것은 몇 개인가요? 다리가 달린 것은 몇 개이고, 날개가 달린 것은 몇 개인가요?

신나는 롤러스케이트

숨은 그림을 찾아 스티커를 붙인 후
예쁘게 색칠하세요.

16

외계인의 지구 탐험

이곳은 무엇을 파는 가게 같아?

재츠

사람들의 귀를 따뜻하게 하고, 마사지해 주는 물건을 파는 것 같아.

아니야, 사람들이 손가락으로 계속 뭔가를 누르고 있잖아. 손가락 운동기구를 파는 가게가 틀림없어.

아, 이제 알겠어! 이곳은 친한 친구를 파는 가게야! 늘 붙어다니며 함께 놀잖아.

저클

숨은 그림을 찾아보세요.

버섯
mushroom

반창고
adhesive bandage

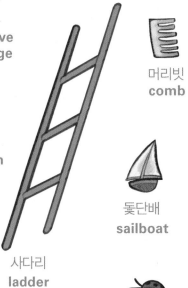

머리빗
comb

편지봉투
envelope

아이스바
ice-cream bar

돛단배
sailboat

빨래집게
clothespin

사다리
ladder

무당벌레
ladybug

허리띠 버클
buckle

장난감 블록
building block

찻주전자
teakettle

손전등
flashlight

벙어리장갑
mitten

WRITTEN BY ANDREW BRISMAN;
ILLUSTRATED BY GIDEON KENDALL

숨은 조각 찾기

오른쪽 그림에서 아래 퍼즐 조각 여덟 개를 찾아보세요.

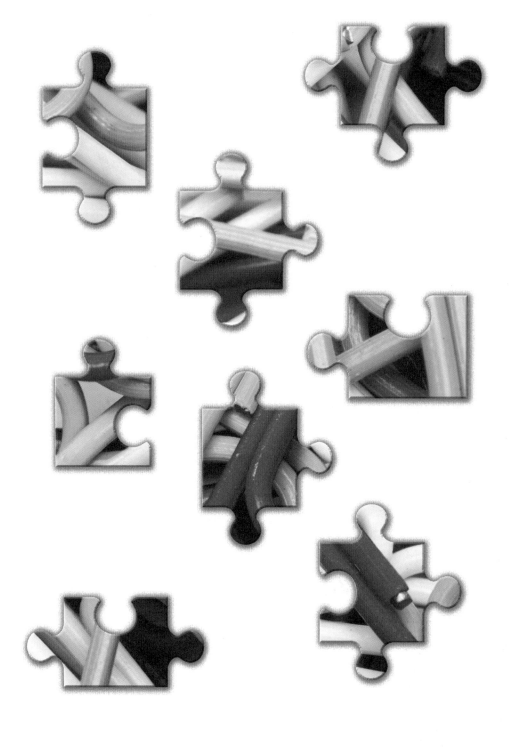

하이디와 지크
잃어버린 선글라스를 찾아라!

롤라 가족은 여름휴가를 떠나려고 해요. 자동차에 짐도 다 실었고, 연료도 가득 넣었어요.

막 출발하려는데 롤라 아빠가 말했어요.

"잠깐! 내 선글라스가 어디로 갔지?"

롤라의 가족은 선글라스를 찾기 위해 온 집 안을 뒤졌어요.

차 안에 있는 짐들도 샅샅이 살펴보았지요. 심지어 고양이를 넣은 가방 속까지 찾아보았어요.

하지만 선글라스를 찾을 수가 없었어요.

잠시 뒤, 하이디와 지크가 롤라 가족을 도와주러 왔어요.

하이디는 롤라 아빠의 뒷모습을 보며 말했어요.

"다른 사람은 몰라도 롤라의 아빠는 절대 선글라스를 찾을 수 없을 거예요."

선글라스를 찾아보세요. 그리고 다른 숨은 그림들도 찾아보세요.

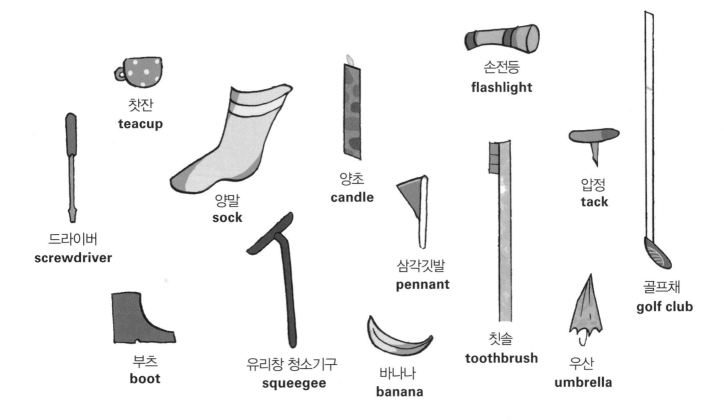

찻잔
teacup

손전등
flashlight

양말
sock

양초
candle

압정
tack

드라이버
screwdriver

삼각깃발
pennant

골프채
golf club

부츠
boot

유리창 청소기구
squeegee

바나나
banana

칫솔
toothbrush

우산
umbrella

WRITTEN BY JULIE WINTERBOTTOM;
ILLUSTRATED BY CHUCK DILLON

탁구장에서

사람들이 신나게 탁구 시합을 하고 있어요.
숨은 그림을 찾아 스티커를 붙인 후 예쁘게 색칠하세요.

안경점에서

개들이 안경을 고르고 있어요.
안경점에 숨은 그림을 찾아보세요.

파티 모자
party hat

막대사탕
lollipop

편지봉투
envelope

그믐달
crescent moon

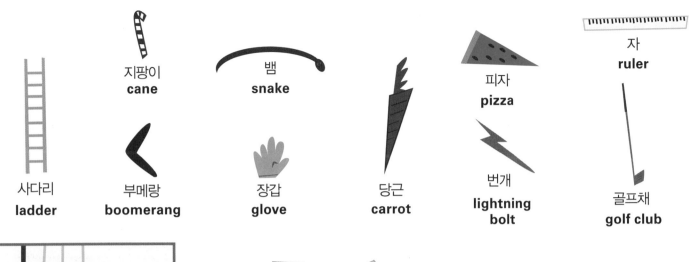

지팡이
cane

뱀
snake

피자
pizza

자
ruler

사다리
ladder

부메랑
boomerang

장갑
glove

당근
carrot

번개
lightning bolt

골프채
golf club

퍼즐 맞히기

안경점에 네 명의 손님이 찾아왔어요.
누가 어떤 색깔과 모양의 안경을 골랐는지 알아맞혀 보세요.
맞는 칸에는 O를 하고, 맞지 않는 칸에는 X를 하세요.

	아담	브리트니	코너	도라
정사각형				
원형				
직사각형				
타원형				
파랑				
빨강				
검정				
보라				

- 도라는 완전히 동그란 안경은 좋아하지 않지만 곡선이 있는 안경은 좋아해요.
- 아담은 정사각형 안경을 골랐는데 파란색은 아니에요.
- 직사각형 안경을 고른 사람은 보라색을 좋아해요.
- 브리트니는 빨간 코트와 같은 색깔의 안경을 골랐어요.

병뚜껑
놀이기구 만들기

준비물
- 다양한 크기의 병뚜껑 12개 ● 종이
- 신발 상자 ● 면이 넓은 고무 밴드 2개
- 넓적하고 얇은 뚜껑 ● 물감 ● 테이프
- 사인펜 ● 풀 ● 할핀 ● 클립 ● 가위

1 물감으로 신발 상자를 예쁘게 색칠하세요.

2 오른쪽 그림과 같이 두 개의 고무 밴드를 상자에 엇갈리게 감으세요.

3 이제 회전 장치를 만들어야 해요. 먼저 넓적하고 얇은 뚜껑에 맞게 종이를 잘라요. 사인펜으로 원의 중심에서부터 칸을 3개로 나눠 그린 후, 각 칸마다 작은 뚜껑, 중간 뚜껑, 큰 뚜껑이라고 써넣어요. 그리고 나서 풀로 뚜껑 안쪽에 붙여요.

4 회전 장치의 중간에 어른의 도움을 받아 구멍을 뚫어요. 클립을 할핀에 끼운 채 구멍에 꽂아 넣어요. 아랫면에 튀어나온 할핀의 다리 부분을 구부려 평평하게 만든 뒤, 테이프로 고정시키세요. 그림과 같이 클립의 한쪽 끝을 구부려서 할핀에 잘 걸려 있도록 해요.

★ 놀이 방법 ★

병뚜껑을 크기별로 세 종류로 나눠요. 첫 번째 게임자가 회전 장치에 달린 클립을 돌려요. 클립이 멈췄을 때 그 끝이 가리킨 칸의 뚜껑을 집어서 고무 밴드의 엇갈린 부분에 올려놓아요. 다음 게임자들도 첫 번째 게임자와 똑같은 방식으로 뚜껑 위에 뚜껑을 쌓아 나가요. 뚜껑이 무너지면 처음부터 다시 시작해야 하고, 다 쌓으면 성공이랍니다.

손목시계
wristwatch

카누
canoe

큰부리새
toucan

우산
umbrella

톱
saw

반지
ring

잠자리
dragonfly

식빵
slice of bread

허리띠
belt

요리사 모자
chef's hat

칫솔
toothbrush

아이스바
ice-cream bar

요요
yo-yo

조각 치즈
wedge of cheese

ILLUSTRATED BY KELLY KENNEDY

즐거운 피크닉

숨은 그림을 찾아보세요.

ILLUSTRATED BY MIKE DAMMER

머리빗
comb

국자
ladle

허리띠
belt

카누
canoe

자
ruler

달걀 프라이
fried egg

피자
pizza

말편자
horseshoe

그믐달
crescent moon

박쥐
bat

낚싯바늘
fishhook

하키스틱
hockey stick

연필
pencil

내가 만드는
숨은 그림찾기

그림을 그려서 아래 안경을 숨겨 보세요. 어떻게 해야 할지 잘 모르겠으면 위 그림을 참고하세요.

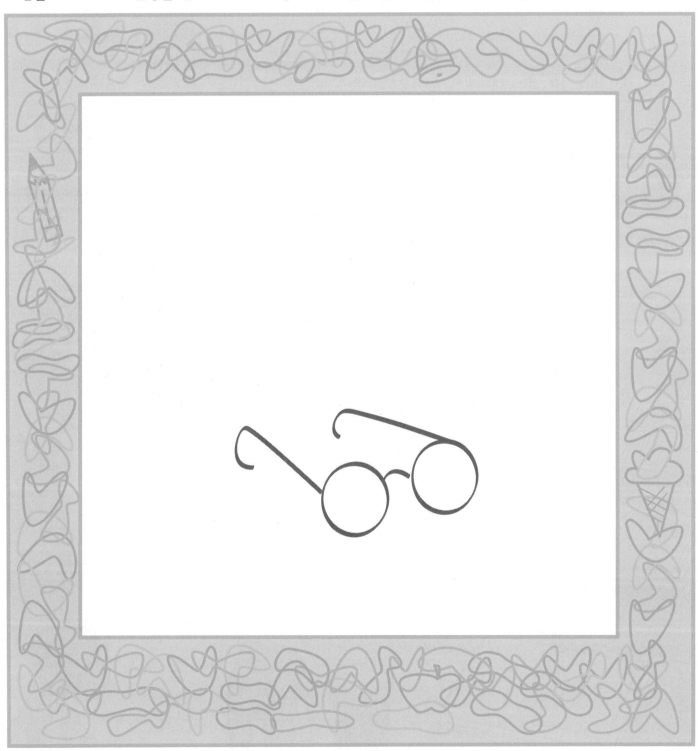

FRAME ILLUSTRATED BY MIKE MORAN

사탕 가게

와! 온갖 종류의 사탕이 가득해요.
달콤한 사탕 가게에서 20개의 브로콜리를 찾아보세요.

생각해 보세요!

채소와 사탕의 비슷한 점과 다른 점은 무엇인가요?

가장 좋아하는 채소와 가장 좋아하는 사탕의 이름을 말해 보세요.

사탕 말고 단 음식에는 무엇이 있나요?

세상에는 여러 가지 색깔의 사탕이 있어요. 채소에도 여러 가지 색깔이 있지요. 초록색이 아닌 채소를 말해 보세요.

생각나는 채소 이름을 모두 말해 보세요. 몇 가지나 알고 있나요?

싫어하는 채소나 싫어하는 사탕이 있나요? 싫어하는 이유도 말해 보세요.

사탕의 단맛을 말로 설명해 보세요.

채소 맛이 나는 사탕을 만든다면 어떤 채소 맛으로 하는 게 좋을까요?

ILLUSTRATED BY JAMES YAMASAKI

33

외계인의 지구 탐험

어휴, 더워라!
이곳은 도대체
뭐 하는 데야?

재츠

뜨거운 햇볕으로 사람들을 요리하는 곳이야.

사람 요리는 누가 먹는데?

잘 봐! 커다란 파도가 사람들을 한입에 삼키고 있잖아.

저클

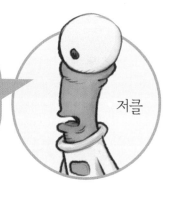

숨은 그림을 찾아보세요.

의자
chair

모자
hat

콩깍지
pea pod

벙어리장갑
mitten

국자
ladle

사다리
ladder

마카로니
elbow noodle

단추
button

자동차 핸들
steering wheel

버섯
mushroom

머리빗
comb

머핀
muffin

메트로놈
metronome

음표
musical note

하모니카
harmonica

WRITTEN BY ANDREW BRISMAN;
ILLUSTRATED BY GIDEON KENDALL

다이빙 연습

백조들이 다이빙 연습을 하고 있어요.
숨은 그림을 찾아 스티커를 붙인 후 예쁘게 색칠하세요.

스티커   색칠하기

문어의 신발 가게

문어는 한 번에 여덟 명의 손님 모두에게 신발을 골라 줄 수 있어요.
신발 가게에 숨은 그림을 찾아보세요.

그믐달
crescent moon

안경
eyeglasses

보트
boat

빌딩
building

바퀴
wheel

당근
carrot

카메라
camera

조각 파이
slice of pie

찻주전자
teapot

농구공
basketball

식빵
slice of bread

꽃
flower

바나나
banana

포크
fork

햄버거
hamburger

표지판
sign

하이디와 지크
푸른색 장난감 게를 찾아라!

하이디와 지크는 타일러의 생일 파티에 초대받았어요. 그래서 둘은 생일 선물을 사러

장난감 가게에 왔어요. 그런데 장난감 가게에 들어오자마자 제이크가 다급하게 하이디를 불렀어요.

"하이디, 나 좀 도와줘!"

제이크는 타일러의 생일 선물로 푸른색 로봇 게를 골랐어요. 그런데 잠시 한눈파는 사이에 동생 다미안이

로봇 게를 가게 안에 감추었어요. 그런데 다미안은 장난치느라 어디에다 선물을 숨겼는지 잊어버렸대요.

"형, 정말 미안해!"

다미안은 미안해하며 앞에 있는 지크를 쓰다듬었어요.

"나는 강아지가 정말 좋아!"

그때 하이디에게 좋은 생각이 났어요.

"지크, 다미안이 좋아하는 강아지 장난감 주변을 한 번 찾아보자!"

푸른색 로봇 게를 찾아보세요. 그리고 다른 숨은 그림도 찾아보세요.

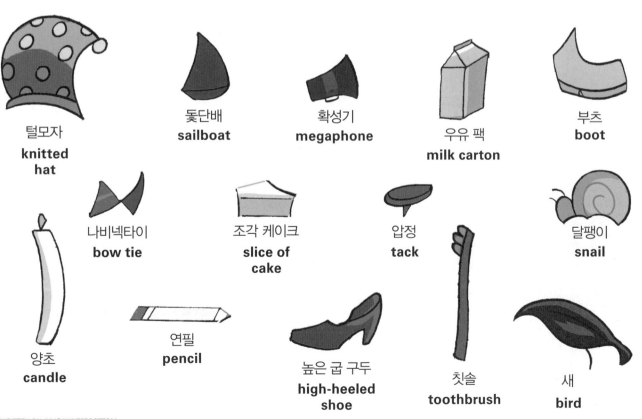

털모자
knitted hat

돛단배
sailboat

확성기
megaphone

우유 팩
milk carton

부츠
boot

나비넥타이
bow tie

조각 케이크
slice of cake

압정
tack

달팽이
snail

양초
candle

연필
pencil

높은 굽 구두
high-heeled shoe

칫솔
toothbrush

새
bird

WRITTEN BY JULIE WINTERBOTTOM;
ILLUSTRATED BY CHUCK DILLON

도전해 보세요!

눈썰매장에는 30개의 숨은 그림이 있대요.
하지만 어떤 그림이 숨어 있는지는 알 수 없어요.
자! 숨은그림찾기에 도전해 보세요.

ILLUSTRATED BY DARYLL COLLINS

말풍선 채우기

아이들이 그림을 그리고 있어요.
여자 아이는 어떤 말을 했을까요?
말풍선을 채운 후 숨은 그림을 찾아보세요.

브로콜리, 편지봉투, 깃털, 망치, 막대사탕

ILLUSTRATED BY JAMES KOCHALKA

44

4-5 신나는 게임장

6-7 등산하기

8-9 자동차 정비

9 퍼즐 맞히기

사무엘 – 엔진, 오후 1시
수잔 – 타이어, 오전 9시
스티브 – 브레이크, 오전 11시
소피아 – 전조등, 오후 2시

10-11 도전해 보세요!

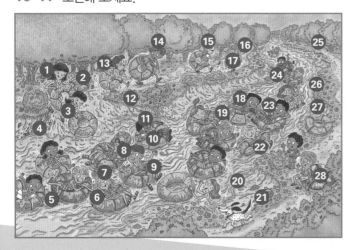

1 붓	11 생쥐	21 하트
2 왕관	12 컵케이크	22 사과
3 연필	13 바늘	23 양말
4 줄넘기	14 달걀 프라이	24 딸랑이
5 벙어리장갑	15 닭다리	25 물고기
6 피자	16 가위	26 지팡이
7 뼈다귀	17 시계	27 포크
8 찻잔	18 숟가락	28 도넛
9 바나나	19 깔때기	
10 크레용	20 허리띠	

정답

12 강아지 집 짓기

14–15 장난감 가게

16–17 신나는 롤러스케이트

18–19 외계인의 지구 탐험

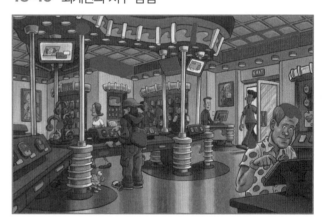

20–21 숨은 조각 찾기

22–23 하이디와 지크,
잃어버린 선글라스를 찾아라!

24–25 탁구장에서

26–27 안경점에서

27 퍼즐 맞히기

아담 – 정사각형, 검정
브리트니 – 원형, 빨강
코너 – 직사각형, 보라
도라 – 타원형, 파랑

28–29 병뚜껑 놀이기구 만들기

30 즐거운 피크닉

32–33 사탕 가게

34–35 외계인의 지구 탐험

36–37 다이빙 연습

38-39 문어의 신발 가게

40-41 하이디와 지크,
푸른색 장난감 게를 찾아라!

42-43 도전해 보세요!

1 돌고래	11 거북	21 줄넘기
2 깃발	12 지팡이	22 크레용
3 자	13 양초	23 낚싯바늘
4 물감 튜브	14 단추	24 돛단배
5 붓	15 압정	25 숟가락
6 바늘	16 벙어리장갑	26 부메랑
7 우산	17 포크	27 당근
8 요요	18 칫솔	28 편지봉투
9 반지	19 클립	29 조각 레몬
10 그믐달	20 바나나	30 종

44 말풍선 채우기

등산하기 6-7쪽

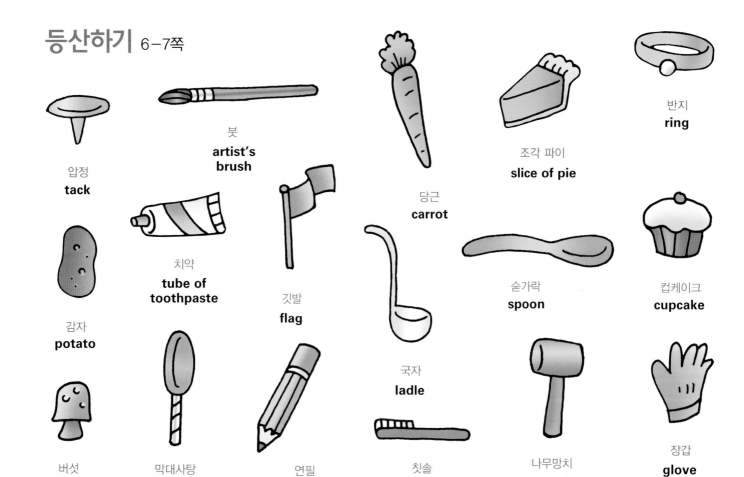

붓
artist's brush

압정
tack

치약
tube of toothpaste

깃발
flag

당근
carrot

조각 파이
slice of pie

반지
ring

숟가락
spoon

컵케이크
cupcake

감자
potato

국자
ladle

버섯
mushroom

막대사탕
lollipop

연필
pencil

칫솔
toothbrush

나무망치
mallet

장갑
glove

신나는 롤러스케이트 16-17쪽

소금통
saltshaker

고추
chili pepper

포크
fork

벙어리장갑
mitten

숟가락
spoon

젖병
baby's bottle

베개
pillow

도넛
doughnut

거북
turtle

드라이버
screwdriver

선물
present

괭이
hoe

나무망치
mallet

깔때기
funnel

탁구장에서 24–25쪽

찻잔
teacup

초승달
crescent moon

반창고
adhesive bandage

레몬
lemon

머리빗
comb

요요
yo-yo

팝콘
popcorn

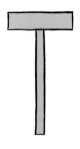

나무망치
mallet

편지봉투
envelope

골무
thimble

숟가락
spoon

소금통
saltshaker

다이빙 연습 36–37쪽

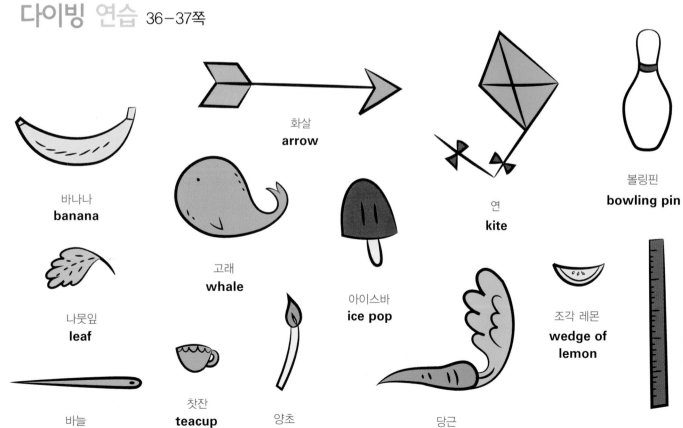

바나나
banana

화살
arrow

연
kite

볼링핀
bowling pin

나뭇잎
leaf

고래
whale

아이스바
ice pop

조각 레몬
wedge of lemon

바늘
needle

찻잔
teacup

양초
candle

당근
carrot

자
ruler